GUIDE

DES COMMERÇANTS

DES

HOMMES D'AFFAIRES

ET DES

OFFICIERS MINISTÉRIELS,

CONTENANT

TOUT CE QUI CONCERNE LA LETTRE DE CHANGE,

LES BILLETS A ORDRE, ETC.

RENNES

IMPRIMERIE DE L'OUEST, RUE D'ORLÉANS

ET RUE LA COCHARDIÈRE 5

1877

GUIDE

DES

COMMERÇANTS

GUIDE

DES COMMERÇANTS

DES

HOMMES D'AFFAIRES

ET DES

OFFICIERS MINISTÉRIELS

CONTENANT

TOUT CE QUI CONCERNE LA LETTRE DE CHANGE

LES BILLETS A ORDRE, ETC.

RENNES

IMRIMERIE DE L'OUEST, RUE D'ORLÈANS 6

ET RUE DE LA COCHARDIÈRE 5.

1877

PRÉFACE

PROTÊTS

Les éléments que M. Agaësse a eu l'heureuse idée de compiler et de coordonner, sur une question fort usuelle en matière de protêts, sont la réponse à une opinion qui a pu se former dans certains esprits, mais que l'étude impartiale des principes et la méditation doivent faire abandonner. — Si le sujet ne touche pas aux grands principes du droit, il n'en est pas moins digne d'intérêt. Le protêt, en effet, est un acte d'une application journalière ; c'est, de plus, un acte auquel le législateur attache une importance spéciale ; il sauvegarde la fortune et le crédit des négociants porteurs d'effets de commerce. Au point de vue du tiré, il est souvent l'avant-coureur d'une catastrophe dans ses affaires. D'un autre côté, le protêt est-il fait à contre temps, d'une manière inconsidérée, contient-il des nullités, il peut engager la responsabilité de celui qui le requiert, ou bien celle de l'huissier qui instrumente. C'est en dire assez pour montrer qu'on ne saurait l'étudier de trop près.

La question pratique que M. Agaësse s'attache à mettre en lumière, principalement, s'adresse surtout aux officiers ministériels auxquels la loi a réservé la rédaction et la signification des protêts, mais elle s'adresse encore tous ceux qui peuvent avoir à donner ou à demander un conseil sur cette matière. Quelle est, au juste, l'étendue de l'obligation imposée, par l'art. 161 du code de commerce, au porteur d'un effet de commerce?

Le porteur ou son huissier peut-il être astreint à représenter l'effet le lendemain, et sans frais, au débiteur qui ne l'a pas acquitté le jour de l'échéance?

Telle est la question posée.

Avant de donner un aperçu de la jurisprudence actuelle, l'auteur, par une suite d'emprunts faits à l'excellent ouvrage *l'encyclopédie des huissiers*, pose diverses considérations qui lui servent de bases. L'obligation du porteur est stricte; il ne peut pas l'étendre d'une manière qui, devenant trop favorable au débiteur, soit, pour le créancier, une trop lourde servitude. Ce dernier aura satisfait à son obligation lorsque, selon le vœu de la loi, il aura fait présenter une fois, le jour de l'échéance, la lettre de change ou le billet à ordre au débiteur. Y a-t-il refus de paiement, l'huissier revient le lendemain chez le souscripteur qui n'a pas payé; ce n'est pas pour encaisser qu'il revient, mais pour faire au débiteur en défaut la sommation prescrite par l'art. 174 du code de commerce, qui est un des éléments du protêt.

* Supposons qu'alors le débiteur mieux inspiré, ou plus en fond, au lieu de refuser comme la veille, ouvre sa caisse pour solder aux mains de l'huissier. Il n'y aura pas lieu de protester sans doute, mais l'huissier devra incontestablement être indemnisé de l'emploi de son temps, du déplacement qui a été nécessaire, des frais de transports et de papier timbré qu'il a avancés, du protêt qu'il a préparé à la suite de la sommation. Autrement, fait-on observer fort judicieusement, la situation de l'huissier, en cette circonstance, serait moins bonne que celle du modeste garçon de caisse d'un simple agent de recou-

vrement qui, se présentant le lendemain de l'échéance, après un refus de payer la veille, devra, tout au moins, le salaire convenu entre lui et le banquier qui l'a employé. .

Quant à savoir par qui l'huisser devra être indemnisé, nulle difficulté. Le porteur n'est point en faute, tandis que le débiteur, au contraire, a manqué à son obligation. Ce dernier devait payer à l'échéance, mais nous ne sommes plus en matière civile où il est, avec un créancier, des accommodements, où même un délai de grâce peut être demandé en justice. Le protêt n'admet pas de délai, l'intérêt des tiers, la célérité du commerce l'exigent ; le billet devrait être rigoureusement payé à l'échéance. Tolérer plusieurs sommations officieuses, des avertissements sans frais, pendant plusieurs jours avant qu'on puisse procéder au protêt, serait rompre avec l'esprit du code de commerce, ajouter un article à son texte en même temps que supprimer, en fait, le jour de l'échéance au profit des débiteurs plus ou moins gênés, qui s'arrangeraient toujours de façon à faire reculer le plus possible le quart-d'heure de Rabelais.

Les règles habituelles du droit (art. 1382, code civil), abritent donc ici la solution la mieux fondée : tout manquement à une obligation engendre une responsabilité certaine.

Le débiteur en retard, en faute par ce retard même, a, dès lors, encouru les conséquences de sa morosité. Le règlement devra s'en faire aisément sur la justification des frais et déboursés de l'huissier, en y comprenant le coût de la sommation que l'officier ministériel est venu faire, et qu'il a dû préparer chez lui avant cette seconde visite au domicile du débiteur.

Autrement, le protêt doit être dressé, même dans le cas où le débiteur offrirait de solder le principal avec les frais précédemment faits. Il y aurait, dans ce cas, insuffisance d'offres ; ce que le débiteur doit c'est le principal avec tous les frais que le débiteur a occasionnés.

Tels sont les principes que consacre l'opuscule de M. Agaësse ; ils sont, du reste, accueillis depuis longtemps déjà par diverses chambres des huissiers, spécialement par celles de Bordeaux et de Paris (Journal des huissiers, t. 11, page 275).

Puis M. Agaësse appuie sur les décisions d'une jurisprudence dont il donne un résumé fort complet. Ceux que cette question usuelle intéresse peuvent, en feuilletant sa brochure, s'épargner de longues heures de recherches, car les recueils les plus répandus accordent à peine quelques lignes à l'examen de son sujet.

Plusieurs auteurs de droit commercial ne la traitent même pas, rangeant, parmi les infiniment petits, un point de droit qui ne laisse pas d'avoir son utilité. A peine le recueil de M. Daloze enregistre-t-il l'arrêt de la Cour de Cassation du 21 août 1860.

Ici, au contraire, on trouvera réunis les documents d'une jurisprudence dont les monuments sont assez rares ; ils sont recueillis minutieusement ; des notes y sont même jointes, et font, de cette monographie, une sorte de petit traité clair, commode, à la portée de tous, qui aura, je n'en doute pas, le bonheur de faire avorter plus d'un litige, et qui sera, à coup sûr, consulté avec fruit.

Loïc PETIT, avocat.

Art. 187 du Code de commerce :

Toutes les dispositions relatives aux lettres de change, et comprenant l'échéance, l'endossement, la solidarité, l'aval, le paiement par intervention, le paiement, le protêt, etc., sont applicables aux billets à ordre.

MODÈLE D'UNE LETTRE DE CHANGE

Rennes, le 1ᵉʳ mai 1869.   B. P. F. 500.

Au premier juin prochain, veuillez payer, contre cette seule lettre de change, à mon ordre, la somme de cinq cents francs, valeur reçue en marchandises, que passerez suivant mon avis du 15 avril dernier.

P. Pᵒⁿ de mon mari, fᵐᵉ Rouxel.

Monsieur

Monsieur Lecharpentier, négociant, rue des Galions, 8.
Le Hâvre (Seine-Inférieure).

MODÈLE D'UNE TRAITE

Rennes, le 15 avril 1860.   B. P. F. 300.

Au cinq juin prochain, veuillez payer contre le présent, à mon ordre, la somme de trois cents francs, valeur reçue en marchandises, et que passerez suivant mon avis du 30 mars dernier.

Bon pour trois cents francs.

Monsieur   P. Pᵒⁿ de mon mari, fᵐᵉ Gaudin.

Monsieur

Monsieur Gauthier, négociant,
Vire.

Le refus d'acceptation doit être constaté par un acte que l'on nomme protêt faute d'acceptation (art. 119 du code de commerce).

Le tiré doit accepter en ces termes : accepté

signé : GAUTHIER.

La lettre de change doit être acceptée à la présentation ou, au plus tard, dans les vingt-quatre heures de la présentation, art. 125 du code de commerce.

Après les vingt-quatre heures, si elle n'est pas rendue, acceptée ou non acceptée, celui qui l'a retenue est passible de dommages-intérêts envers le porteur, Code civil 1119, 1382.

Il est prudent, pour le tiré, de ne pas accepter s'il n'a pas reçu la marchandise. Souvent des commerçants gênés font des traites sur des marchands qui ne leur doivent rien et promettent de faire les fonds à l'échéance.

Je n'ai jamais vu des commerçants faisant des traites de complaisance marcher longtemps dans cette situation. Leur faillite est presque toujours imminente lorsqu'on les voit recourir à de semblables procédés pour se procurer de l'argent. J'ai sous les yeux le spectacle de quatre maisons de commerce opérant de cette manière et qui ont déposé leur bilan depuis longtemps.

Le commerçant qui accepte une lettre de change en pareille circonstance est exposé à payer, bien qu'il prouve ne rien devoir au tireur ; celui-ci peut être déclaré en faillite depuis la négociation de la lettre de change, et les tiers-porteurs sont fondés à poursuivre le paiement contre le tiré qui a imprudemment accepté. Il ne peut se restituer contre son acceptation, quoiqu'il prouve avoir accepté par erreur.

J'ai vu des commerçants, ayant accepté par erreur, qui ont plaidé en première instance et en rappel, et qui ont succombé devant ces deux juridictions, quoiqu'ils prouvassent ne rien devoir au tireur.

(Rennes, 1836.   Choblet : faillite Lecoq.)

AVAL

Inscription mise sur la lettre de change ou un billet à ordre, par laquelle un tiers qui ne figure ni comme tireur, accepteur ou souscripteur, ni comme endosseur, s'engage à payer le montant dans le cas où l'effet ne serait pas acquitté par un ou plusieurs débiteurs.

Le donneur d'aval peut être poursuivi comme le débiteur.

Le protêt doit lui être dénoncé. V. prescription, page 11.

Art. 188. — Le billet à ordre est daté. Il énonce la somme à payer, le nom de celui à l'ordre duquel il est souscrit, l'époque à laquelle le paiement doit s'effectuer, la valeur qui a été fournie en espèces, en marchandises, en compte ou de toute autre manière.

Souvent j'ai vu des négociants, ayant des craintes sur la position de leurs débiteurs qui offraient peu de garanties, leur demander des billets à ordres souscrits à leur profit, et ont fait apposer, sur ces billets, les signatures des femmes de leurs débiteurs, qui avaient de la fortune ou espérances, croyant ainsi assurer le paiement de leurs créances. Ces signatures des femmes, sans le consentement et l'autorisation de leurs maris, sont nulles aux termes de l'art. 217 du Code civil, qui dit que la femme ne peut donner, etc., sans l'autorisation de son mari. J'ai même vu un banquier exiger d'une femme mariée, dont le mari est ruiné, des billets souscrits par cette femme non autorisée à les souscrire, ajoutant qu'il préférait ces billets à ceux souscrits par le mari, croyant ainsi avoir une signature offrant une garantie.

Ils doivent donc, pour assurer le paiement de leurs créances, des billets souscrits en ces termes :

« Je soussigné Pierre Monnier, cordonnier, et dame

» Marie Macé, mon épouse que j'autorise aux fins du
» présent, demeurant ensemble à Nantes, rue de
» Rennes, n° 20, reconnaissons devoir solidairement à
» M. Nicolas, tannéur à Nantes, rue d'Orléans, ou à son
» ordre, la somme de quatre cents francs, valeur reçue
« en marchandises payable à notre domicile, à Nantes,
« rue de Rennes, n° 20, le cinq janvier prochain. »

Nantes, le 5 octobre 1875.

Bon pour la somme de quatre cents francs.

F^me^ MONNIER.　　P. MONNIER.

MODÈLE D'UN BILLET A ORDRE

Reims, le 3 mai 1875.　B. P. F. 500.

Au premier mai prochain, je paierai, à l'ordre de
M. Leroux et Cie, la somme de cinq cents francs, valeur
reçue en marchandises et pour solde de tout compte.

Bon pour cinq cents francs payable à mon domicile,
rue de Lavesle, n° 15.

ROUSSEL.

L'effet conçue en ces termes est négociable, c'est-à-
dire qu'il peut être transmis à un tiers par l'envoi de
l'endossement qui est écrit au dos dudit effet, en ces
termes :

Payez à l'ordre de M. Leroy, valeur reçue comptant.
Reims, le 10 mai 1875. Signé : LEROUX et Cie.

Si l'endossement n'est pas daté, n'exprime pas la
valeur fournie et n'énonce pas le nom de celui à l'ordre
duquel il est passé, il n'opère pas le transport, il n'est
qu'une simple procuration de toucher. Art. 137 et 138
du code de commerce.

ENDOS IRRÉGULIERS

La propriété d'un billet à ordre se transmet par un endos régulier.

Beaucoup de commerçants négocient des effets avec des endos en blanc. C'est un tort, et la propriété de ces effets peut leur être contestée ; en cas de faillite, ils sont exposés à perdre leur créance.

Les jugement et arrêt ci-après démontrent la nécessité de remplir les endos.

Le 29 juillet 1873, le sieur Ollive souscrivit un billet à ordre de 5,094 fr. 39, valeur reçue comptant, payable le 25 décembre au profit de M. Blouin, armateur, ou à son ordre. Ce billet porte les endos en blanc de M. Blouin et de M. Blineau.

Le 26 décembre 1873, Mlle Leroy, porteur de ce billet, le fit protester faute de paiement, et, le 7 janvier 1874, elle assigna MM. Ollive, Blineau et Blouin pour s'entendre condamner jointement et solidairement à lui payer 5,094 fr. 39.

Le 9 février 1874, le Tribunal de commerce de Nantes rendit un jugement ainsi conçu :

Attendu que l'endossement en blanc ne transfert pas la propriété d'un billet à ordre ;

Attendu que, conséquemment, ni la demoiselle Leroy ni Blineau ne sont des porteurs sérieux et de bonne foi, et que, dès lors, ils ne sauraient revendiquer, même à titre de simple procuration, les droits des négociateurs entre lesquels ils se sont interposés, et que, dès lors, l'action de la demanderesse ne procède pas.

Par ces motifs déboute la demoiselle Leroy de ses fins et conclusions.

Décerne acte à Ollive de sa déclaration d'être prêt à payer au syndic Blouin, la somme de 5,094 fr. 39, montant du billet à ordre échu le 25 décembre 1873, et, au besoin, l'y condamne.

Déboute les parties du surplus de leurs conclusions. — Condamne la demoiselle Leroy aux dépens.

Mlle Leroy a relevé appel de ce jugement, et, par son arrêt du 12 juin 1874, la Cour d'Appel de Rennes, adoptant les motifs des premiers juges dit mal appelé, bien jugé, déboute l'appelante de ses fins et conclusions ; condamne la demoiselle Leroy à restituer à la faillite Blouin le billet de cinq mille quatre-vingt-quatorze francs trente-neuf centimes, souscrit par Ollive sous la contrainte de vingt francs par chaque jour de retard à partir du prononcé du présent arrêt. Condamne l'appelante à l'amende et à tous les dépens.

Voir Teulet et Sulpici sur l'art. 138 du code de commerce. Vincent, légalisation commerciale, t. 2, ch. 1er, n° 11. Pardessus, t. 220 et 353. V. j. pal., Paris, 2 et 30 janvier 1840, t. 1er, 1840, p. 162. Favard de Langlade, rep. V. lettre de change et § 3, n° 6. Cassation, 19 juillet 1822.

PRESCRIPTION

L'art. 189 du code de commerce porte que toutes les actions relatives aux billets à ordre, lettres de change souscrits par des commerçants ou banquiers pour faits de commerce se prescrivent par cinq ans, à compter du jour du protêt ou de la dernière poursuite juridique.

Si l'assignation est donnée avant l'expiration de la cinquième année, il s'opère un nouveau délai de cinq ans.

Une dénonciation de protêt dans les délais prescrits (15e art. 165 du code de commerce), ne suffit-il pas pour conserver le recours ; il faut qu'elle soit accompagnée ou suivie, dans le même délai, d'une assignation. Cassation, 29 janvier 1813. — Favard de Langlade, r. V. lettre de change, sect. 4, § 2, n° 7. — Delvincourt, t. 2, p. 149, n° 5 sur la page 100. — Pardessus, contrat de change, n° 391 et suiv., et droit commercial, n° 431. — Persil, sur l'art. 165, n° 4.

Le porteur d'un effet de commerce doit, dans le cas de faillite de l'endosseur, son cédant, assigner le syndic de celui-ci dans le même délai. Besançon, 21 mai 1818. Alauzet, t. 2, n° 962.

Le porteur peut exercer son recours contre le donneur d'aval individuellement ; il est soumis envers lui aux mêmes formalités qu'envers un endosseur s'il a garanti la signature de l'un d'eux. Ainsi, il doit lui faire notifier le citer dans les délais fixés par l'art. 165 ; s'il ne lui faisait pas dénoncer le protêt qu'il aurait dénoncé aux autres endosseurs, le donneur d'aval serait fondé à exciper de ce défaut de notification dans le délai légal pour repousser les effets de son aval (Rouen, 15 mai 1844. J. huiss., t. 25, p. 183. Alauzet, t. 2, n° 964).

Mais si le billet à ordre n'a pas été souscrit par un commerçant et n'a pas été créé pour un fait de commerce il est soumis à la prescription trentenaire et non à la prescription de cinq ans, encore bien que le souscripteur non commerçant se trouve. par suite de l'apposition des signatures de commerçants sur ce billet, justiciable de la juridiction commerciale (Bordeaux, 18 août 1845. Lyon, 8 décembre 1847. Trib. com., s. 28 décembre 1852. J. huiss., t. 34, p. 50.

RENOUVELLEMENT D'UN BILLET A ORDRE

Quand un commerçant ne peut payer son billet à l'échéance, le bénéficiaire lui accorde du délai et prie le souscripteur de lui faire un nouveau billet ; celui-ci doit le faire en ces termes :

R.   le 8 octobre 1875. B. P. F. 425.

Fin courant, je paierai, à l'ordre de M. L.   la somme de quatre cent vingt-cinq francs, valeur en renouvellement de mon billet au 15 septembre dernier et contre la remise dudit billet payable à mon domicile rue   à

Bon pour quatre cent vingt-cinq francs.

PROTÊT

Le porteur d'un billet à ordre ou d'une lettre de change doit en exiger le paiement le jour de l'échéance (art. 161 du code de commerce).

Si l'échéance est à jour férié légal, l'effet ou la lettre de change est exigible la veille, art. 134 du code de commerce.

Le refus de paiement doit être constaté le lendemain du jour de l'échéance par un acte que l'on nomme protêt faute de paiement.

Si le jour est un jour férié légal, le protêt doit être fait le jour suivant.

Lors même que l'effet parvient au porteur le lendemain de l'échéance, il n'est pas tenu de faire le protêt ce jour-là. Vincent, t. 2, p. 283, n° 6 (Persil, p. 188 sur l'art. 134, n° 1).

Les : mots garanti jusqu'au   ne dispensent pas le porteur de faire protester le lendemain de l'échéance.

Le porteur n'est dispensé du protêt faute de paiement ni par le protêt faute d'acceptation, ni par la mort, ni par la faillite de celui sur qui la lettre de change est tirée.

La Cour de Cassation par son arrêt du   août 1862, décide qu'aucun acte de la part du porteur ne le dispense de se conformer aux prescriptions de l'art. 163 du code de commerce qui lui impose l'obligation de faire protêt au domicile du débiteur quoique failli.

Le protêt fait au domicile du souscripteur, quoiqu'à l'échéance, ce dernier soit en état de faillite, la loi n'exige pas qu'il soit fait au domicile des syndics, code de commerce 163. Bruxelles, 5 mars 1818. Paris, 23 février 1830. Cass., 6 février 1849. J. h., t. 30, p. 61. Vincent, t. 2, p. 388. Dalloz., art. 6, 725, n° 2. D. P. 1, 148. B. A. 12, 389. Dictionnaire des huissiers, p. 511.

C'est au domicile du souscripteur décédé que le protêt doit être fait. Le protêt n'éteint pas la dette ; les héritiers en sont tenus. Encyclopédie des huissiers, t. 6, n° 101, et s., 156, 157.

Effet sans frais. Souvent il est tiré des traites sans frais ; si le mot sans frais n'est pas répété par tous les endosseurs, le porteur est tenu de faire protester faute de paiement à l'échéance.

Faute au porteur d'avoir fait protester un effet impayé à son échéance, il perd son recours contre celui qui le lui a transmis. — Ce recours doit être exercé dans les quinze jours qui suivent la date du protêt ; ce protêt doit être notifié avec assignation. V. p. 3.

INTERVENTION

La condition essentielle du paiement par intervention est que la lettre de change ait été protestée, sans cela le paiement ne ferait point acquérir de subrogation aux droits du porteur. V. Pardessus, t. 2, n° 405.

L'intervenant peut se restituer contre son intervention,

si cette intervention provient de l'erreur où il était sur la position de son correspondant en état de faillite.

CHÈQUE

Le chèque ne peut être tiré que sur un tiers ayant provision préalable ; il est payable à présentation. Le chèque peut être tiré d'un lieu sur un autre ou sur la même place.

L'émission d'un chèque, même lorsqu'il est tiré d'un lieu sur un autre, ne constitue pas, par sa nature, un acte de commerce. — Le porteur d'un chèque doit en réclamer le paiement dans les cinq jours, y compris la date si le chèque est tiré de la place sur laquelle il est payable et dans le délai de huit jours, y compris le jour de la date, s'il est tiré d'un autre lieu. Le porteur d'un chèque qui n'en réclame pas le paiement dans les délais ci-dessus, perd son recours contre les endosseurs ; il perd même son recours contre le tireur.

Le tireur qui émet un chèque sans date ou le revêt d'une fausse date, est passible d'une amende de 6 0/0.

L'émission d'un chèque, sans provision préalable, est passible d'une amende de 125 francs, sans préjudice des lois pénales.

Protêts. — Questions. — Solutions. — Décisions.

Quelle que soit l'heure à laquelle le paiement est exigé, fut-ce même dans la matinée, l'art. 161 a reçu son exécution. Le porteur n'est point obligé de se présenter deux fois, et jusqu'au dernier moment de la journée, au domicile du débiteur ou à celui indiqué pour le paiement, et d'y renouveler sa demande en remboursement de la lettre de change ou du billet à ordre. Une seule présentation suffit. S'il en était autrement, ce serait mettre le porteur à la merci du débiteur, et il est évident que telle n'a pu être la pensée du législateur (Voir, en ce sens, motifs du jugement du tribunal de commerce de Bayeux, 8 novembre 1853. Journal des huissiers, t. 36, p. 63.) — Teullet et Sulpici, t. 2, p. 87 ; Vincens, t. 2, p. 283, décident que, si le porteur ne se présente que le lendemain de l'échéance, il doit, en cas de refus, faire protester le jour même. — Il a été aussi décidé que le mot garanti jusqu'au..... ne dispense pas de faire protester le lendemain de l'échéance.

Dispensé de renouveler sa demande dans le courant de la journée, le porteur n'est point, à plus forte raison, assujetti à présenter ou faire représenter, sans frais, le lendemain, l'effet au débiteur, avant qu'il soit procédé au protêt. Cassation, 20 mai 1851, jugement précité du tribunal de commerce de Bayeux, voir le numéro suivant (V. n°s 468 et 469).

Les frais de protêts sont à la charge du débiteur. Ce dernier doit, ainsi que nous l'avons vu, payer le montant de la lettre de change tirée sur lui ou du billet à ordre qu'il a souscrit, le jour même de l'échéance. S'il n'est pas en mesure, c'est alors son fait ou sa négligence qui oblige le porteur à faire dresser le protêt pour défaut de paiement, et la raison veut qu'il supporte les frais qu'il a occasionnés. Aucun doute ne s'élève sur ce point.

Il n'en est pas de même en ce qui concerne la question de savoir si, lorsque, le lendemain de l'échéance, le débiteur offre le montant de l'effet à l'huissier qui vient constater le non-paiement, cet officier ministériel a le droit d'exiger en outre le coût du protêt qu'il a été chargé de dresser. Il faut, pour la solution de la question, distinguer le cas où l'effet a été présenté au débiteur le jour de l'échéance et celui où il ne l'a pas été.

L'effet a été présenté le jour de l'échéance. Il est certain que l'huissier, chargé dans ce cas de dresser le protêt pour défaut de paiement, a droit à une indemnité à raison de son déplacement, à raison de l'emploi de son temps, des frais qu'il a été obligé de débourser. Lui contester cette indemnité, ce serait rendre sa position moins bonne que celle d'un garçon de caisse qui est salarié par le banquier pour aller, aux jours d'échéances, encaisser les effets de commerce dont il est porteur. Or, cela n'est pas possible. Mais la seule indemnité à laquelle il ait droit est la rétribution que la loi lui accorde, et qui se trouve comprise dans le coût du protêt. Car ce mandat ne consiste pas à encaisser l'effet non payé le jour de l'échéance, mandat dont il lui est interdit de se charger (V. huissier, n° 231), mais uniquement à constater le refus de paiement.

L'indemnité due à l'officier ministériel dans le cas dont il s'agit ne peut être supportée par le porteur de l'effet, puisqu'aucune faute ne lui est imputable quand il a fait ce que la loi prescrit, la présentation de l'effet au débiteur le jour de l'échéance. Elle ne peut l'être également par le bénéficiaire qui profite évidemment de l'accomplissement, par le porteur, de la formalité que la loi lui impose. Cette indemnité ne peut donc être qu'à la charge du débiteur qui, en ne payant pas le jour de l'échéance, a manqué à l'obligation qu'il a contractée ; il est en faute, et, par conséquent, il est juste et équitable que ce soit lui qui supporte les conséquences de sa faute.

C'est donc avec raison qu'il a été plusieurs fois décidé que le débiteur d'un effet de commerce, au domicile duquel cet effet a été présenté le jour de l'échéance, sans que le paiement ait eu lieu, doit, bien qu'il offre de payer le lendemain entre les mains de l'huissier qui se présente pour dresser le protêt, supporter les frais occasionnés par cet acte (Tribunal de commerce de Laon, 25 mars

1841, 25 avril 1842 ; Senlis, 8 avril 1841 ; journal des huissiers, t. 32, p. 170 ; de Pontoise, 22 juin 1853, t. 35, p. 26 ; de Lourdes, 30 juin 1858, t. 39, p. 184. — Voir, dans le même sens, Pardessus, Droit commercial, n° 419 ; Chauveau, commentaire du tarif, t. 1er, p. 523, n° 125 ; Chauveau et Glaudaz, formulaire de procédure, t. 2, p. 828, note 5 ; délibération de la chambre des huissiers de la Seine, 2 mars 1830 ; j. huiss., t. 11. p. 275 ; j. huiss., t. 31, pages 271 et suiv. ; réponse à une question proposée, t. 34, p. 281 et suiv. ; dissertation, t. 39, p. 185. Observations). Délibération de la chambre des huissiers de Bordeaux, du 20 mai 1844, t. 25, p. 365.

Le débiteur doit supporter tous les frais de protêt ; ce qui comprend l'émolument alloué pour la préparation et la signification de cet acte, les déboursés, tels que l'amende pour irrégularité et insuffisance de timbre de l'effet, timbre et enregistrement, du droit de transcription, port, etc. ; j. huissiers, t. 34, p. 281 et suivantes.

Le débiteur ne peut se soustraire au paiement des frais de protêt et à ceux qui en ont été la conséquence, prétendre que, avant de dresser le protêt, la lettre de change ou le billet à ordre devait lui être présenté, et qu'il eut été en mesure d'en rembourser le montant, sur cette présentation nouvelle qu. aurait dû être faite sans frais (Cassation, 20 mai 1851). Tribunal de commerce de Bayeux, 8 novembre 1853 ; j. huissiers, t. 36, p. 63.

Il résulte de ce qui précède que, soit que débiteur offre le paiement du principal, en refusant de payer le coût du protêt, soit qu'il offre le paiement de l'un et de l'autre, l'officier public doit néanmoins dresser le protêt.

Dans le premier cas, après avoir fait sommation au débiteur de payer le principal et les frais, il énonce les offres faites par ce dernier, leur insuffisance et le refus de les recevoir, et proteste ensuite pour défaut de paiement.

Dans le second, à la suite de l'énonciation des offres, il mentionne qu'il les a acceptées et donne ou non quittance au débiteur, soit que ce dernier lui remet immédiatement les frais ou se réserve de les lui remettre après la régularisation du protêt.

—————

QUESTIONS SOLUTIONS

Protêt. — Frais. — Paiement. — Offres réelles.

Lorsque l'huissier se présente pour remettre un protêt, et que le débiteur offre de payer l'officier ministériel, est-il fondé à exiger le coût de l'acte qu'il avait préparé ?

Il est rare que lors du protêt, dit M. Pardessus, celui sur qui la traite est tirée, paie, cela est possible ; les frais sont alors à sa charge, parce qu'il devait l'acquitter le jour de l'échéance ; il pourrait, il est vrai, prétendre qu'on ne s'est pas présenté ; il pourrait aussi, en avouant qu'on s'est présenté, que le porteur n'ayant aucun endossement qui lui attribuait la propriété de la lettre de change ou du mandat pour recevoir, les frais ne doivent pas être à sa charge, et il aurait évidemment raison.

Dans ce cas, les tribunaux statueront suivant les preuves, les probabilités et les circonstances.

Cette opinion est généralement admise ; le porteur, en se présentant au domicile du débiteur pour toucher le montant d'un effet, a pleinement satisfait au vœu de la loi ; le débiteur doit, pour y satisfaire, payer au moment de la présentation, ou tout au moins se rendre au domicile du porteur, pour lui remettre les fonds ; s'il n'agit pas ainsi avant l'arrivée de l'huissier, le débiteur doit, sans contredit, être condamné aux frais du protêt.

QUESTIONS ET SOLUTIONS

*Effet de commerce. — Échéance. — Fête légale.
— Présentation. — Débiteur. — Refus de
paiement.*

Lorsque le jour de l'échéance d'une lettre de change
est un jour de fête légale, le porteur de cette lettre de
change peut-il la présenter ce jour-là, afin d'en obtenir
le paiement? Mais le tiré ne peut-il pas refuser de la
payer, sous prétexte qu'on la lui présente un jour de fête
légale.

En dispensant les huissiers d'instrumenter dans certains
jours de fête, et en les autorisant notamment à dresser
le lendemain les protêts qui devaient être faits ces
mêmes jours (code de commerce, art. 162), le législateur a également rapproché d'un jour l'échéance des
lettres de change ou autres effets de commerce, qui sont
payables un jour férié légal. Ainsi, dans ce cas, le porteur
d'un effet de commerce a le droit d'en exiger le paiement
la veille (code de commerce, art. 134. Par cette disposition,
le législateur n'a agi que dans l'intérêt du créancier (*Persil,
de la lettre de change,* page 188, sur l'art. 134, n° 1).
C'est une faveur qui lui est accordée ; mais il ne lui a
imposé à cet égard aucune obligation. — Le créancier
est libre d'user de cette faveur, comme aussi il peut ne
présenter l'effet que le jour de l'échéance, et le débiteur ne peut se plaindre, puisque, obligé, aux termes
de l'art. 134 du code de commerce, de payer la veille, il
obtient, par ce fait de la présentation le jour seulement
de l'échéance, un jour de plus pour se libérer. Il ne peut
donc pas, ce nous semble, sous prétexte que l'effet lui a
été présenté un jour de fête légale, si ce jour est celui de
son échéance, en refuser le paiement. Dans ce cas, son

refus autoriserait l'huissier à faire régulièremnt le protêt le lendemain. Vainement alors le débiteur offrirait le montant de l'effet, s'il n'offrait en même temps le coût du protêt préparé par l'huissier et les frais de transport, s'il y avait lieu à transport. L'huissier qui, sur le refus du débiteur de lui rembourser le coût de ces frais, dresserait un protêt, n'eneourrait aucun reproche.

TRIBUNAL DE COMMERCE DE SENLIS, 8 avril 1851.

Effet de commerce. — Non-paiement à l'échéance.
Protêt. — Coût.

Le souscripteur d'un effet de commerce qui ne l'a point acquitté sur la présentation qui lui en a été faite le jour de l'échéance, est tenu, lorsqu'il paie le lendemain, au moment du protêt, d'ajouter, au montant de l'effet, le coût du protêt.

P... contre G...

Le tribunal, attendu que les sieurs P..., banquiers à P..., sont porteurs d'une traite de 58 francs tirée par P... sur le sieur P..., le 3 janvier 1851, payable le 25 janvier suivant;

Attendu que C... N..., huissier, chargé par eux du recouvrement a fait présenter cette traite, le jour de l'échéance, au domicile du débiteur sans en obtenir le paiement; qu'il est constant qu'une tierce personne avait été indiquée à G..., chez laquelle il pourrait acquitter le montant de la traite dans la journée de la présentation;

Attendu que ce fait de non-paiement, imputable au débiteur qui n'a point satisfait au créancier dans la journée de la présentation, rendait nécessaire le déplacement de l'huissier qui devait, le lendemain, aux termes des art. 161 et 162 du code de commerce, constater le non-paiement par un protêt ; que le débiteur doit subir les causes de sa faute ; qu'on ne saurait, contre toute équité, la faire retomber sur l'huissier qui ne pouvait se dispenser de faire un protêt, sans engager sa responsabilité ;

Attendu qu'en offrant à l'huissier C... N..., le montant de la traite, sans vouloir y ajouter les frais faits jusqu'alors, le sieur G... n'a point satisfait aux obligations que sa négligence a fait naître contre lui,

Par ces motifs, condamne G... à payer à P... : 1° la somme de 66 fr. 40 qu'il leur doit, savoir : 58 francs, montant de la traite ; 2° 8 fr. 40 pour le coût du protêt de cette traite, ensemble aux intérêts et dépens.

TRIBUNAL DE COMMERCE DE PONTOISE, 22 juin 1853.

Protêt.— Huissier.— Paiement.— Offres.—Frais.

L'huissier qui se présente au domicile d'un souscripteur d'un effet de commerce, le lendemain de l'échéance de cet effet non acquitté, sur la demande de paiement qui avait été faite, pour y remettre une copie de protêt faute de paiement, est fondé, lorsque le débiteur lui offre le capital, à exiger, en même temps, tous les frais de protêt, et, en cas de refus par le débiteur de payer ces frais, à régulariser le protêt.

Comptoir national de Pontoise contre Annette.

Le tribunal, attendu que Séré ès-noms a fait assigner le sieur Annette en paiement de 9 fr. 50 pour frais de protêt fait sur un billet à ordre de 220 francs souscrit, le 8 février 1852, par Annette au profit de Roycourt et Cie, payable le 15 mai suivant par voie d'endos entre les mains des administrateurs du comptoir national de Pontoise, ledit billet protesté par acte de Leriche, huissier à Marines, du 17 mai 1852, enregistré le 19 ;

Attendu que le sieur Annette oppose à cette demande que, s'étant libéré du principal du billet le 17 mai 1852, lorsque l'huissier s'est présenté chez lui pour faire le protêt, et avant que cette acte fût rédigé, il ne devait aucun frais, et que, par suite, il se refuse au paiement du protêt ;

Mais attendu qu'il est reconnu, par le sieur Annette, que ledit billet lui a été présenté le 15 mai, jour de l'échéance, par le clerc de Leriche, huissier à Marines, chargé d'en faire le recouvrement, et au besoin le protêt, et qu'il a déclaré au porteur n'avoir pas de fonds à sa disposition ;

Attendu qu'Annette n'a point envoyé les fonds chez l'huissier le lendemain 16 mai, jour férié, et que, ne s'étant pas mis en mesure d'en faire l'envoi lorsque le sieur Leriche s'est présenté chez lui à dix heures du matin ;

Attendu, dans ces circonstances, que c'est par la faute du sieur Annette que l'huissier Leriche a été dans la nécessité de se présenter chez lui le 17, mais avec un protêt préparé par suite du refus de paiement fait l'avant-veille, et que le sieur Annette, en payant le principal du billet sus-énoncé, devait, en même temps, payer tous les frais faits usqu'au jour où l'huissier se présentait pour protester ;

Attendu que, par suite du refus de payer les frais, l'huissier a dû régulariser son protêt, et que le sieur Annette en doit intégralement le montant, condamne Annette, par toutes voies de droit, à payer audit sieur Séré ès-noms, la somme de 9 fr. 50, montant taxé des frais de protêt dont s'agit, aux intérêts et dépens.

Note. La solution qui résulte de ce jugement est conforme à l'opinion précédemment émise par les rédacteurs du Bulletin. V. t. 2, p. 254.

TRIBUNAL DE COMMERCE DE LOURDES, 20 juin 1858.

Protêt. — Souscripteur. — Refus de paiement à l'échéance. — Paiement effectué le lendemain. Frais. — Huissier.

Lorsque le souscripteur d'un effet de commerce ne l'a pas acquitté le jour de l'échéance, sur la présentation qui lui en a été faite, il doit supporter les frais occasionnés par le défaut de paiement à l'échéance, encore bien qu'il offre de payer entre les mains de l'huissier, ainsi que les frais de l'acte par lequel ce dernier constate le paiement (Code de com., art. 161 et 162).

Pacay contre veuve Hussenet et Ribé. — JUGEMENT.

Le tribunal, attendu qu'il est constant en fait que quatre effets de commerce souscrits soit par la veuve Hussenet, soit par le sieur Ribé, son gendre et son associé, et régulièrement passé à l'ordre de Pacay, banquier à Tarbes, ont été présentés le jour de l'échéance aux débiteurs qui ont refusé de les payer au porteur ayant mandat et pouvoir de recevoir pour Pacay. — Attendu que, dans cette situation et pour conserver sa garantie contre les endosseurs, Pacay fut obligé, le lendemain des échéances, d'envoyer un huissier d'Argelès à Cauterets, au domicile du débiteur pour constater le refus de paiement, conformément aux prescriptions de l'art. 162 du code de com.; — attendu que les quatre effets furent alors payés à l'huissier qui, par quatre procès-verbaux dont les dates correspondent à celles du lendemain de leurs échéances, constate le refus de paiement fait la veille, se transporta à Cauterets, et le paiement opéré entre ses mains ; que les faits exposés par l'huissier se portent à la somme totale de 50 fr. 34 ; attendu que c'est par la faute des défendeurs que les frais ont été occasionnés ; qu'il est à remarquer, en effet, que le paiement des traites devait, aux termes de l'art. 161, code de com., être exigé le jour même de l'échéance, et qu'il a été refusé sans motifs par les débiteurs ; attendu que Pacay, dans cette situation, pour ne pas perdre ses droits, et se mettre en règle a envoyé un huissier le lendemain des échéances, pour dresser, le cas échéant, les protêts nécessaires ; attendu que les paiements faits alors par les débiteurs entre les mains de l'huissier pouvaient empêcher les protêts, mais ne sauraient les mettre à l'abri des frais occasionnés par l'inaccomplissement de leurs obligations : *qu'autrement ce serait porter atteinte à la bonne foi du commerce, favoriser les malices et exposer des tiers porteurs légitimes à des pertes assez considérables.*

Par ces motifs, etc.

Nota. — Nous approuvons la solution résultant du jugement qui précède. Le débiteur qui ne paie pas, le jour de l'échéance, l'effet qu'il souscrit est en faute ; il a manqué à ses engagements. C'est donc par un fait, qui lui est uniquement imputable, que le ministère de l'huissier est employé le lendemain. Dès lors, les conséquences de ce fait ne doivent pas retomber sur lui ; or, l'huissier qui se rend, le lendemain de l'échéance, au domicile du souscripteur, ne devra pas demander de nouveau le paiement de l'effet ; il n'est pas un garçon de caisse ; il va dresser un acte rentrant dans ses attributions, c'est-à-dire dresser le protêt pour refus de paiement à l'échéance ; telle est sa seule mission. Cela bien établi, il est évident qu'une indemnité lui est due, quoique le souscripteur offre de payer entre ses mains le montant de l'effet ; seulement, dans ce cas, l'huissier qui ne peut refuser de recevoir le paiement, convertit le protêt en un acte par lequel il constate ce paiement : l'indemnité due à l'huissier à raison de son déplacement et de cet acte doit être nécessairement à la charge du souscripteur qui, par l'inexécution de son engament, l'a occasionné. *Il y aurait injustice à le faire supporter par le porteur* qui, en donnant mandat à l'huissier d'instrumenter, d'aller dresser le protêt, a obéi à une prescription de la loi.

Voir d'ailleurs, en ce sens la solution à une question proposée, insérée au bulletin spécial des huissiers, t. 2, p. 254 ; le jugement du tribunal de commerce de Pontoise du 22 juin 1853, rapporté au même recueil, t. 10, p. 7.

COUR DE CASSATION (Chambre civile), 21 août 1860.

*Protêt. — Souscripteur. — Refus de paiement à
l'échéance. — Paiement offert le lendemain. —
Frais. — Huissier.*

Le souscripteur d'un effet de commerce qui ne l'a pas
acquitté le jour de l'échéance, sur la présentation qui
lui en a été faite, doit, en offrant le lendemain de payer
entre les mains de l'huissier qui vient signifier le protêt,
remettre à cet officier ministériel, outre le montant du
principal de l'effet, les frais occasionnés par le protêt.
En cas de refus de sa part d'acquitter les frais, l'huissier
est autorisé à dresser le protêt. C. com., art. 161 et 162.

Chaignon contre Davoust. — ARRÊT.

'La cour, sur le second moyen ; vu l'art. 162 du code
de commerce, l'art. 1248 du code civil et l'art. 1er du
décret du 23 mars 1848 ; attendu qu'aux termes de ces
dispositions légales, le refus du paiement d'une lettre de
change à son échéance doit être constaté le lendemain ;
que ce refus a eu lieu, comme cela est constaté dans les
faits de la cause, il a pour résultat de mettre en mouvement le ministère de l'huissier qui doit le constater ; que,
par suite, cet officier est tenu de se transporter au domicile du débiteur, de préparer, à l'avance, pour la lui
remettre, la copie des pièces qui doit accompagner le
protêt, et qu'il doit, de plus, faire au débiteur la sommation de payer qui est le premier acte et l'un des éléments
du protêt, suivant l'art. 174 du code de commerce ; que
tout acte du ministère d'huissier devant être constaté
régulièrement, l'huissier est, dès lors, autorisé à libeller la
sommation par lui faite, et à en exiger les frais comme
accessoirs de la créance ; qu'il ne peut suffire au débiteur,

pour empêcher le protêt, d'offrir le paiement de l'effet qu'il avait refusé de payer la veille; qu'il doit, de plus, tenir compte des frais qui ont été la conséquence de ce refus, les offres de paiement n'étant valables qu'à la condition d'offrir les frais avec le capital de la créance; qu'étant d'ailleurs bien constaté que l'huissier s'est transporté au domicile du débiteur, qu'il lui a fait, et régulièrement, et dans les délais de la loi; qu'après refus de payer, le jour de l'échéance, une sommation de payer, il ne peut se faire que cet officier ministériel ne reçoive pas le juste émolument de son travail; que le porteur de l'effet ne peut, dans aucun cas, en supporter la responsabilité, et que le débiteur, et par suite les endosseurs successifs, doivent lui en tenir compte; qu'il suit de là que le débiteur, ayant refusé le paicment de la lettre de change, ayant ainsi nécessité la sommation de payer que l'huissier a dû lui faire et lui a réellement faite le lendemain, ayant alors refusé de payer, sinon la lettre de change elle-même, ou au moins les émoluments et déboursés à lui dûs jusque-là, conformément au tarif, son refus a dû être considéré comme refus de paiement, et suffirait pour motiver le protêt et pour en exiger les frais; qu'en jugeant le contraire, l'arrêt attaqué a violé les disposi- de loi précitées. Casse.

Nota. — *Cet arrêt est important pour les huissiers. Il résout, en leur faveur, une question qui a été l'objet de leurs justes préoccupations; la décision admise par la cour de cassation consacre l'opinion qui a été constamment soutenue dans le bulletin spécial des huissiers. V. la note sur le jugement du tribunal de commerce de Lourdes du 30 juin 1858, rapporté t. 14, p. 238. Aussi encyclopédie des huissiers, t. 6, protêt n°s 469 et suivants.*

TRIBUNAL DE COMMERCE DE BRUXELLES
12 mai 1862.

Protêt. — Effet de commerce. — Souscripteurs. — Refus de paiement à l'échéance. — Paiement offert le lendemain. — Frais. — Huissier.

Le souscripteur d'un effet de commerce, qui ne l'a pas acquitté à l'échéance, doit remettre à l'huissier qui vient le lendemain dresser le protêt, outre le montant de l'effet, les frais dûs à cet officier ministériel, et, en cas de refus de rembourser ces frais, l'huissier est autorisé à dresser le protêt pour défaut de paiement, c. com., art. 167 et 177.

Balourdet et Rodière contre Vauderlaet.

Le 31 décembre 1861, les sieurs Balourdet et Rodière, négociants à Reims, ont tiré sur le sieur Vauderlaet, de Bruxelles, pour la somme de 318 francs, solde de compte entre eux, une lettre de change payable le 15 février 1869. — Les sieurs Desmars et Cie porteurs de la lettre de change l'ont fait présenter, le 15 février, au sieur Vauderlaet qui n'a pas payé. — Le lendemain 16 étant un dimanche, l'huissier Guiot s'est rendu le 17 au domicile du débiteur pour dresser le protêt faute de paicment. Le sieur Vauderlaet a alors offert le montant de la lettre de change, soit 328 francs ; mais il a refusé de rembourser à l'huissier 2 fr. 50 qu'il réclamait pour ses déboursés, prétendant qu'ils n'étaient pas dûs. L'huissier, considérant cette réponse pour refus de paiement, a dressé le protêt. — Depuis, les sieurs Balourdet et Rodière ont accepté le montant de la lettre de change avec la réserve de laisser à l'appréciation du tribunal le point de savoir qui supporterait les frais.

JUGEMENT. — Le tribunal, attendu que, d'après l'art. 161,

c. com., **le** porteur d'une lettre de change doit en
exiger le paiement le jour de l'échéance, et que, d'après
l'art. 162 du même code, le refus de paiement doit être
constaté le lendemain par un acte qualifié de *protêt
faute de paiement;* attendu qu'il résulte de ces dispositions que le débiteur d'une lettre de change doit en
payer le montant le jour même de l'échéance, et que, s'il
retarde jusqu'au lendemain et que des frais en soient
résultés, ses offres doivent comprendre la bonification de
ces frais, conformément aux art. 1248 et 1258. c. civ. ; —
attendu, en fait, qu'il n'est pas contesté que les porteurs
de la traite litigieuse en ont réclamé le paiement au
défendeur le jour de l'échéance, et que ce n'est que le
lendemain que celui-ci a fait offre à l'huissier du principal sans frais au moment où il s'est présenté chez lui
pour dresser l'acte du protêt; attendu que, d'après l'art.
174, c. com., les formalités de cet acte exigent des écri-
tures et copies, des déboursés de timbre et de transport
de l'huissier, tous préalables au protêt lui-même faute de
paiement, et occasionnés par le fait du défendeur, ce
dont le porteur ne peut souffrir ; qu'il ne pouvait donc
suffire au défendeur d'offrir le paiement du principal de
l'effet qu'il aurait refusé la veille ; qu'il devait tenir
compte à l'huissier des frais qui avaient été la conséquence de ce refus, les offres de paiement n'étant valables
que sous cette condition; que c'est donc à bon droit
que l'huissier a dressé l'acte de protêt, et que, par suite, le
défendeur doit supporter les frais et ceux de la traite
qui en ont été la conséquence ; attendu que le principal du
billet ayant été payé depuis l'échéance, l'action se réduit
au paiement des frais. Par ces motifs, condamne le défendeur à payer aux demandeurs la somme de 14 fr. 47 pour
frais de retour de la traite tirée de Reims le 31 décembre 1861 par Balourdet et Rodière sur Verlaudaet,

à Bruxelles, payable le 15 février 1862, ordre des tireurs.

Nota. — *Voir, dans le même sens, cass., 21 août 1860. Bull. spécial des huissiers, t. 16, p. 275 et la note.*

TRIBUNAL DE COMMERCE DE REIMS, 12 août 1862.

Protêt. — Effet de commerce. — Refus de paiement à l'échéance. — Paiement offert le lendemain. — Frais. — Huissier.

Le souscripteur d'un effet de commerce, qui ne l'acquitte pas à l'échéance, ne peut, le lendemain se borner à offrir à l'huissier qui se présente pour constater le refus de paiement du principal de l'effet; il doit lui remettre, en même temps, le coût entier du protêt que cet huissier a préparé par suite de son refus, qui a rendu cet acte (C. com., art. 161 et 174).

C... contre H... Jugement. — Le tribunal, considérant que la seule difficulté qui divise les parties depuis le paiement effectué par H... du principal du billet repose sur les frais du protêt réclamé par C... père et fils; — considérant que H... oppose qu'il ne doit point les frais de protêt, puisque le jour où l'huissier porteur du titre s'est présenté chez lui, il a offert, à cet officier ministériel, le paiement du billet souscrit par lui; que son offre a été refusée par l'huissier qui exigeait le paiement des frais de protêt; — considérant que l'art. 161, c. com., dispose formellement que le porteur d'une lettre de change doit en exiger le paiement le jour de l'échéance, et que l'art. 162 dispose néanmoins que le refus de paiement doit être constaté le lendemain de l'échéance par un acte que l'on nomme protêt faute de paiement; — considérant que l'acte de

.protêt contient (art. 174 du même code), la transcription littérale du titre et la sommation de payer ; considérant que, de la combinaison de ces articles, il ressort que l'huissier chargé de protester doit se présenter au domicile du débiteur ou au domicile indiqué par le titre, *avec un acte tout préparé,* qui comporte les transcriptions légales notamment la transcription littérale du titre et la sommation de payer *un acte parfait,* dans lequel il nepeut être ajouté que la réponse au protêt, s'il en est fait une ; — considérant que c'est le défaut de paiement par le débiteur au jour de l'échéance qui a mis l'huissier en mouvement ; que seul il doit supporter les frais qu'il a nécessités ; qu'en offrant à l'officier ministériel le paiement du principal, il a fait une offre insuffisante ; considérant, en fait, que C... père et fils ont directement, présenté à H... le jour de l'échéance ; qu'il leur a été offert alors, par le débiteur, une somme inférieure de 10 francs au montant du billet ; qu'ils se sont retirés, et que le lendemain ils ont fait présenter le billet par l'huissier L...; que cette fois le débiteur a offert le principal tout entier, mais s'est refusé à payer les frais de protêt ; que H... a donc offert une somme qui ne pouvait être acceptée. Par ces motifs, condamne H... à payer à C... père et fils, avec les intérêts de droit à dater de la demande, la somme de 5 fr. 10 pour les frais de protêt et l'enregistrement du billet par lui souscrit, condamne H... aux dépens.

Nota. — *Voir, dans le même sens, trib. com. de Bruxelles, 12 mai 1863, bul. sp. des huiss., t. 18, p. 297, et la note.*

Protêt. — Frais, préparation. — Débiteur. —
Paiement à l'étude de l'huissier.

Le débiteur d'un effet de commerce qui, sur la présentation qui lui en a été faite le jour même de l'échéance, ne l'a pas acquitté, ne doit-il pas, si le lendemain, il vient à l'étude de l'huissier auquel l'effet a été remis pour en dresser le protêt et avant que cet officier ministériel soit sorti pour signifier cet acte, offre de payer le montant dudit effet, rembourser, en même temps, les frais occasionnés par la préparation du protêt, sur la justification qui lui en est faite.

L'affirmation est tellement équitable, que nous avons peine à nous expliquer le motif sur lequel on pourrait se fonder pour prétendre que, dans les cas dont il s'agit, le débiteur n'est pas tenu de rembourser les frais, qui alors resteraient à la charge ou du porteur ou de l'huissier ; il est vrai qu'aucune disposition de loi ne les alloue à l'huissier ; et, s'il en est ainsi, ce n'est pas, ce me semble, parce qu'il ne sont pas dus, et que le législateur a entendu qu'il ne peut pas les réclamer, mais uniquement parce que l'hypothèse proposée n'a pas été prévue.

L'arrêt de la cour de cassation du 21 août 1872 (v. Bul. sp. des huiss., t. 16, p. 275), ne s'oppose nullement, à mon avis, à ce que la question reçoive une solution que nous avons donnée. L'espèce n'est pas la même. En effet, dans l'espèce de l'arrêt de la cour de cassation, l'huissier s'était rendu porteur du protêt qu'il avait préparé, au domicile du débiteur, qui ne lui offrait que le montant de l'effet. — La cour de cassation a, avec raison, décidé que le débiteur devait, en outre, rembourser le coût entier du protêt, c'est-à-dire les droits de timbre et de copie de pièces, le salaire de l'huissier, ou frais de préparation,

l'indemnité de transport, s'il y a lieu à transport, et le droit
d'enregistrement, parce que l'huissier venait au domicile
du débiteur pour y dresser un acte de son ministère et
devait réellement le dresser. Mais faire résulter, de l'arrêt
du 21 août 1860, l'interdiction par la cour de cassation
pour l'huissier de percevoir dans l'hypothèse proposée, les
frais de préparation du protêt et le droit de papier timbré
employé, ce serait étendre la signification et la portée de
cet arrêt qui n'a point eu à s'expliquer sur des frais de la
nature de ceux qui ont donné lieu à la question ci-dessus.

C'est un autre principe qui doit recevoir son application.
En ne payant pas l'effet le jour de l'échéance, le débiteur
a manqué à son engagement ; il a dû raisonnablement penser
que, pour se conformer aux prescriptions de la loi et assurer la conservation de ses droits vis-à-vis des endosseurs,
s'il y en avait, le porteur remettrait l'effet à un huissier
qu'il chargerait de préparer à dresser le protêt. — Or, la
préparation du protêt n'est-elle pas la conséquence de la
faute du débiteur? N'est-ce pas lui qui, en ne remplissant
pas son engagement au jour indiqué, a rendu nécessaire
la mission que le porteur a confiée à l'huissier et le fait
de préparation du protêt? Comment, dès lors, pourrait-il
être affranchi du paiement des frais occasionnés par
l'inexécution de son engagement par sa faute, lorsque, par
la représentation du protêt préparé, il lui est justifié que
ces frais ont été faits? La raison et l'équité ne permettent
pas qu'ils soient laissés à la charge du porteur et de
l'huissier? Autrement, d'une part, ce serait autoriser les
débiteurs de mauvaise foi à ne payer que le lendemain de
l'échéance, à l'étude de l'huissier, lors qu'il pourraient
supposer que le protêt a été préparé et l'huissier encore
chez lui, pour occasionner des frais inutiles, ce serait venir
en aide à la malveillance. D'autre part, ce serait autoriser
les huissiers qui, le lendemain des jours d'échéance ont

un plus ou moins grand nombre de protêts à préparer, et
qu'ils doivent nécessairement préparer ou faire préparer à
l'avance, à ne pas être, ce jour-là, à leur domicile et à y
faire à tous les débiteurs qui viennent payer à l'étude qu'ils
font partis pour signifier le protêt. Mais nous ne pouvons
en conséquence de ces considérations, hésiter à croire que
le débiteur ne doive pas, dans l'hypothèse proposée et sur
la justification qui lui en est faite, les frais de préparation
de protêt. — Mais, pour cela, il est indispensable, bien
entendu, que l'effet lui ait été présenté le jour de
l'échéance.

TABLE DES MATIÈRES

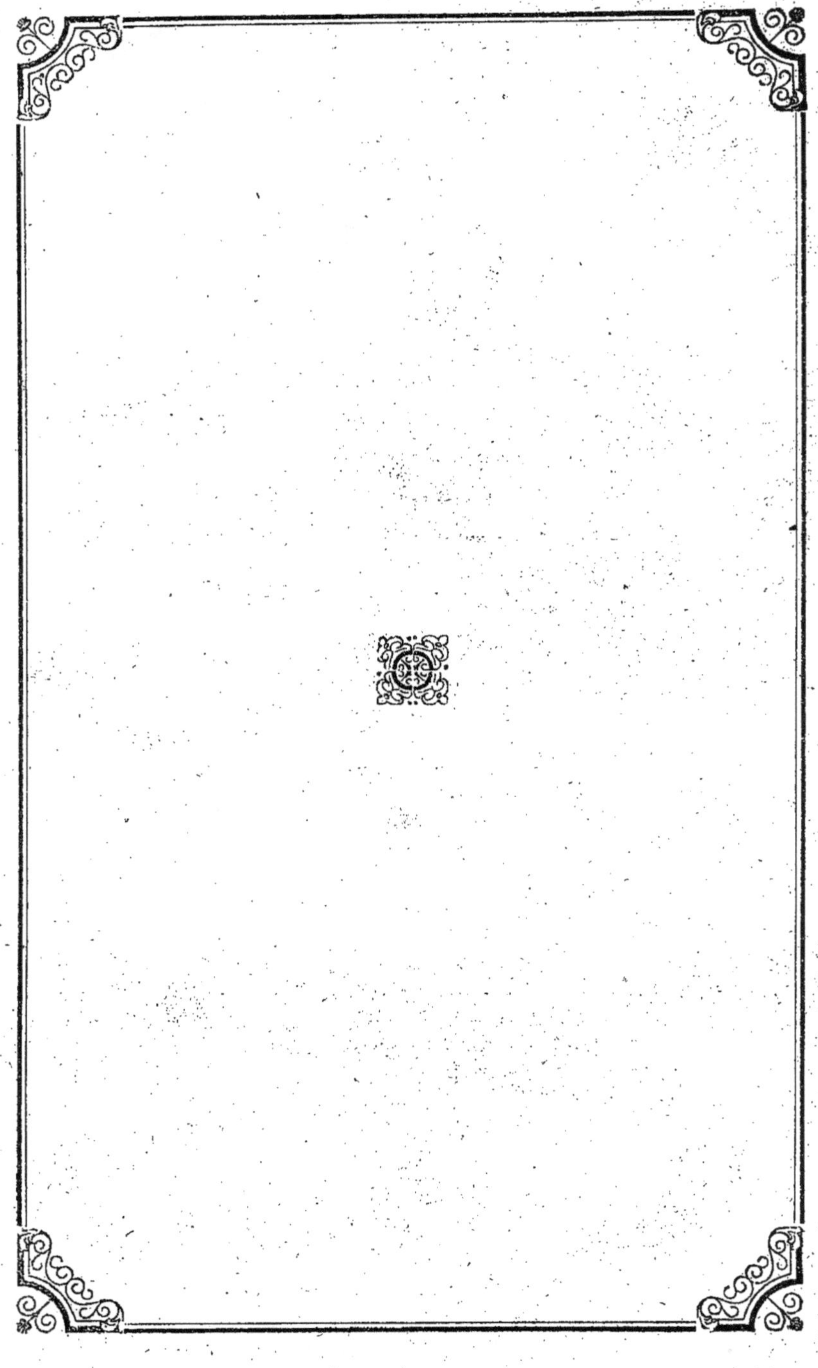